글·그림 한날

작가의 말

    수십 년, 혹은 백 년 가까이 살아가는 인간에게 하루라는 시간은 어쩌면 아주 짧은 시간일 수 있습니다. 하지만 그 하루 동안 우리가 얼마나 많은 감정을 느끼며 살아가는지 헤아려 본다면 아마 깜짝 놀랄 것입니다. 가령, 아침을 시작하는 1분 동안에도 많은 감정을 만날 수 있지요. 일어나 창밖으로 보이는 맑은 하늘을 보며 '상쾌함'이라는 감정을 느끼고, 오늘은 친구와 어떤 재미있는 일을 할까 생각하며 '설렘'을 느낄 수도 있습니다. 그렇게 우리는 하루에도 수십, 수백 가지의 감정들을 만나게 됩니다.

    그리고 이런 감정들을 잘 표현하는 것은 인간관계에서 중요한 역할을 하게 됩니다. 감정을 제대로 알고 제대로 전달해야 서로 어떤 감정인지 이해하고 공감을 할 수 있기 때문입니다. 우리가 평생을 살아가며 느끼는 알록달록한 수많은 감정을 제대로 잘 표현하는 것은 그래서 아주 중요합니다.

이번에 준비한 〈읽으면서 바로 써먹는 어린이 시리즈〉는 바로 그 '감정 표현'에 관하여 이야기를 해 보았습니다. 이번 모험은 먼 외계 행성에서 온 침입자들이 지구 어린이들의 풍부한 감정을 빼앗아 가기 위해 벌어지는 소동입니다. 다양한 상황 속에서 많은 감정을 느끼며 모험을 떠나는 찹이 패밀리와 함께, 어린이 여러분도 이번 모험을 통해 알록달록 무지갯빛 감정을 잘 표현할 수 있게 되었으면 합니다.

　　　　　　　　　　　　　　　　　　　　　　　　　한날

차례

★ 프롤로그 … 10

episode 1

이미 시작된 침공

- 001 뿌듯하다 | 놀라다 … 16
- 002 끝내주다 | 넋이 나가다 … 18
- 003 불안하다 | 궁금하다 … 20
- 004 불쾌하다 | 주눅이 들다 … 22
- 005 난처하다 | 몸서리치다 … 24
- 006 어이없다 | 애석하다 … 26
- 007 다행스럽다 | 멍하다 … 28
- 008 허무하다 | 철렁하다 … 30
- 009 당황스럽다 | 끔찍하다 … 32
- 010 편안하다 | 부글부글하다 … 34
- 011 흥분하다 | 살벌하다 … 36
- 012 우습다 | 엄청나다 … 38
- 013 맥이 빠지다 | 걱정스럽다 … 40
- 014 굉장하다 | 허망하다 … 42
- 015 쑥스럽다 | 찝찝하다 … 44
- 016 그립다 | 난감하다 … 46
- 017 귀찮다 | 든든하다 … 48
- 018 분하다 | 괜찮다 … 50
- 019 무겁다 | 긴박하다 … 52

episode 2

첫 번째 포털을 무너트려라

- 020 눈물겹다 | 황당하다 … 56
- 021 섬뜩하다 | 거북하다 … 58
- 022 하찮다 | 느긋하다 … 60
- 023 따분하다 | 막막하다 … 62
- 024 만족스럽다 | 혼란스럽다 … 64
- 025 속상하다 | 힘차다 … 66
- 026 어리둥절하다 | 시큰둥하다 … 68
- 027 절망하다 | 묘하다 … 70
- 028 귀엽다 | 미안하다 … 72
- 029 낙심하다 | 설레다 … 74
- 030 전율하다 | 열받다 … 76
- 031 열렬하다 | 기대하다 … 78
- 032 달콤하다 | 무안하다 … 80
- 033 기막히다 | 나쁘다 … 82
- 034 시원하다 | 야속하다 … 84
- 035 조급하다 | 화끈거리다 … 86
- 036 짜릿하다 | 권태롭다 … 88
- 037 소름이 돋다 | 화나다 … 90
- 038 졸이다 | 조마조마하다 … 92
- 039 가라앉다 | 고맙다 … 94
- 040 괘씸하다 | 쌩쌩하다 … 96

episode 3

친구들이 모여들다

- 041 얄밉다 | 진땀이 나다 … 100
- 042 친근하다 | 후들거리다 … 102
- 043 못마땅하다 | 가볍다 … 104
- 044 넌더리 나다 | 흐뭇하다 … 106
- 045 초라하다 | 풀이 죽다 … 108
- 046 폭발하다 | 충격적이다 … 110
- 047 후련하다 | 자신만만하다 … 112
- 048 두근두근하다 | 감격스럽다 … 114
- 049 기쁘다 | 서늘하다 … 116
- 050 위축되다 | 감미롭다 … 118
- 051 심술이 나다 | 불편하다 … 120

052 아니꼽다 | 숨이 막히다 … 122
053 얼떨떨하다 | 참담하다 … 124
054 안쓰럽다 | 행복하다 … 126
055 훈훈하다 | 허전하다 … 128
056 애끓다 | 용감하다 … 130
057 전전긍긍하다 | 자포자기하다 … 132
058 창피하다 | 울고 싶다 … 134

episode 4
드래고프가 나타나다

059 신기하다 | 쓰라리다 … 138
060 떨떠름하다 | 지겹다 … 140
061 허탈하다 | 의기양양하다 … 142
062 속이 타다 | 답답하다 … 144
063 황홀하다 | 기죽다 … 146
064 짓눌리다 | 약이 오르다 … 148
065 짜증스럽다 | 무기력하다 … 150
066 벅차오르다 | 억울하다 … 152
067 싫다 | 밉다 … 154
068 애처롭다 | 후회하다 … 156
069 위태위태하다 | 안타깝다 … 158
070 무섭다 | 초조하다 … 160
071 예쁘다 | 울적하다 … 162

episode 5
반격을 시작하라

072 언짢다 | 두렵다 … 166
073 목이 메다 | 암담하다 … 168
074 켕기다 | 침울하다 … 170
075 멋지다 | 긴장하다 … 172

076 좋다 | 원망스럽다 … 174
077 부끄럽다 | 신나다 … 176
078 근사하다 | 당당하다 … 178
079 가슴 시리다 | 정겹다 … 180
080 가혹하다 | 저미다 … 182
081 서운하다 | 뭉클하다 … 184
082 통쾌하다 | 괴로워하다 … 186
083 자유롭다 | 섭섭하다 … 188
084 불행하다 | 불쌍하다 … 190
085 담담하다 | 활기차다 … 192
086 쓸쓸하다 | 부담스럽다 … 194
087 자랑스럽다 | 애매하다 … 196
088 힘들다 | 사랑하다 … 198
089 즐겁다 | 처량하다 … 200
090 애틋하다 | 열정적이다 … 202
091 아프다 | 따사롭다 … 204
092 온화하다 | 평화롭다 … 206
093 공허하다 | 외롭다 … 208

episode 6
다시 만날 때까지 안녕

094 상쾌하다 | 아름답다 … 212
095 홀가분하다 | 반갑다 … 214
096 유쾌하다 | 찡하다 … 216
097 아늑하다 | 슬프다 … 218
098 호감이 가다 | 적적하다 … 220
099 포근하다 | 인자하다 … 222
100 별나다 | 상큼하다 … 224

★ 에필로그 … 226

프롤로그

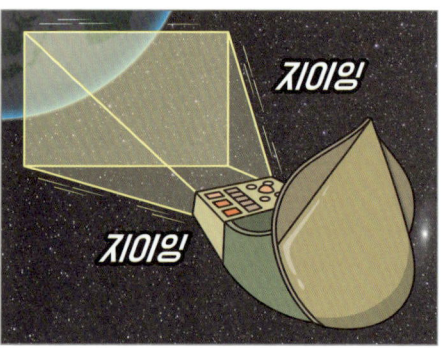

001

뿌듯하다

기쁨이나 감동이 마음에 가득해 감당하기 어렵다는 말이에요. 연습하던 줄넘기 2단 뛰기를 성공하여 뿌듯해요.

놀라다

뜻밖의 일이나 무서워 가슴이 두근거린다는 뜻과 신기한 것을 보고 매우 감동한다는 뜻으로 쓰여요.

002

끝내주다

아주 좋고 굉장하다는 말이에요. 일상에서 자주 사용하지만, 어른과 이야기를 나눌 때는 사용하지 않아야 해요.

넋이 나가다

아무 생각이 없거나 정신을 잃는다는 말이에요. 어떤 일에 깜짝 놀라 잠깐 멍해질 때 흔히 사용해요.

003

불안하다

분위기 따위가 술렁거리어 마음이 복잡하다는 뜻과 마음이나 몸이 편하지 않다는 뜻으로 사용해요.

궁금하다

무엇이 알고 싶어 마음이 몹시 답답하고 안타깝다는 말이에요. '왜?'라는 질문에서 궁금증이 시작돼요.

004

불쾌하다

못마땅하여 기분이 좋지 않다는 말이에요. 친구가 말없이 내 물건을 가져가 사용할 때 아주 불쾌해요.

주눅이 들다

부끄럽거나 무서워 기를 펴지 못하고 움츠러든다는 말이에요. 스스로 자신 없는 일을 할 때도 주눅이 들어요.

난처하다

이럴 수도 없고 저럴 수도 없어 행동하기 어렵다는 말이에요. '엄마가 좋아? 아빠가 좋아?' 질문에 난처해요.

몸서리치다

몹시 싫거나 무서워서 몸이 떨린다는 말이에요. 비 온 뒤 운동장에 나온 지렁이를 보고 몸서리쳐요.

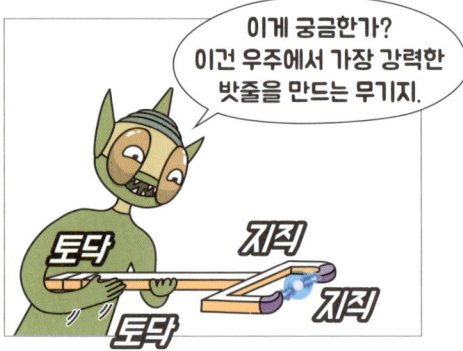

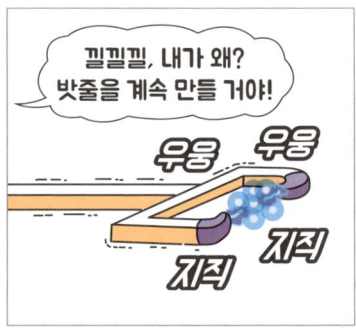

006

어이없다

일이 너무 뜻밖이어서 기가 막힌다는 말이에요. 비슷한 말로 '어처구니없다'가 있어요.

애석하다

슬프고 아깝다는 말이에요. 운동회에서 우리 반이 1점 차로 아깝게 지게 되어 무척이나 애석해요.

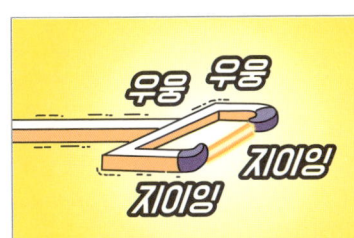

007

다행스럽다

뜻밖에 일이 잘되어 운이 좋은 듯하다는 말이에요. 국어 숙제를 못 해 걱정했는데 과학으로 바뀌어 다행이에요.

멍하다

몹시 놀라거나 갑작스러운 일을 당하여 정신을 못 차리게 얼떨떨하다는 말이에요. 모든 것이 멈춘 느낌일 거예요.

008

허무하다

무의미하게 느껴져 매우 허전하고 쓸쓸하다는 말이에요. 숨겨 둔 젤리의 소비 기한이 지나 버리게 돼 허무해요.

철렁하다

뜻밖의 일에 놀라서 걱정되거나 마음이 무겁다는 말이에요. 강아지 미미가 사라졌다는 소식에 철렁해요.

009

당황스럽다

놀라거나 다급하여 어찌할 바를 몰라 한다는 말이에요. 당황할수록 침착하게 생각하고 행동해요.

끔찍하다

정도가 지나쳐 놀랍다는 뜻인 '끔찍하게 더운 날씨'와 떨릴 정도로 참혹하다는 뜻인 '끔찍한 전쟁'처럼 써요.

편안하다

편하고 걱정 없이 좋다는 말이에요. 속상한 날에 엄마 품에 안기면 스르륵 졸음이 올만큼 편안해져요.

부글부글하다

착잡하거나 언짢은 생각이 뒤섞여 자꾸 마음이 들볶인다는 말이에요. 친구가 잘못을 사과하지 않아 부글부글해요.

흥분하다

어떤 자극을 받아 감정이 북받쳐 일어나게 된다는 말이에요. 놀이동산으로 소풍 갈 생각에 흥분돼요.

살벌하다

행동이나 분위기가 거칠고 무시무시하다는 말이에요. 반 아이들이 싸워서 교실 분위기가 살벌해요.

우습다

대단치 아니하거나 하잘것없다는 뜻과 재미가 있어 웃을 만하다는 두 가지 뜻으로 자주 쓰여요.

엄청나다

짐작이나 생각보다 정도가 아주 심하다는 말이에요. 웅장한 자연 앞에 서면 엄청나다는 말밖에 안 나와요.

013

맥이 빠지다

의욕이 떨어지거나 실망하여 기운이 없어진다는 말이에요. 열심히 준비한 콩쿠르가 취소되어 맥이 빠져요.

걱정스럽다

걱정이 되어 마음이 편하지 않다는 말이에요. 할머니께서 심한 독감에 걸리셔서 걱정스러워요.

014

굉장하다

아주 크고 훌륭하다는 뜻과 보통 이상으로 대단하다는 뜻으로 쓰여요. AI가 만들어낸 작품의 수준이 굉장해요.

허망하다

어이없고 허무하다는 말이에요. 밤새 만든 만들기 숙제를 깜빡하고 집에 두고 와 허망하기만 해요.

"맞아! 그때 도두크가 가문의 세 번째 보물인 소환 주머니를 줬었지!"

"그렇게 소중한 걸 깜빡하고 있었다니."

"소중할 뿐 아니라 굉장하지!"

"맞아."

"우리가 지금까지 만났던 친구를 다시 만나고 싶을 때,"

"주머니를 열고 이름을 부르면 그 친구가 소환되는 신비한 주머니라고 했어."

"하지만 기회는 단 여섯 번뿐. 신중, 또 신중하게 부르라던 당부도 기억나!"

015

쑥스럽다

하는 짓이나 모양이 자연스럽지 못하여 우습고 싱거운 데가 있다는 말이에요. 친구의 고백에 쑥스러워요.

찝찝하다

개운하지 않고 무엇인가 마음에 걸리는 데가 있다는 말이에요. 아빠 생신에 선물을 드리지 못해 찝찝해요.

그립다

보고 싶거나 만나고 싶은 마음이 간절하다는 말이에요. 전학 간 친구가 무척이나 그리워요.

난감하다

이렇게 하기도 저렇게 하기도 어려워 처지가 매우 딱하다는 말이에요. 서로 자기랑 놀자는 동생들이 난감해요.

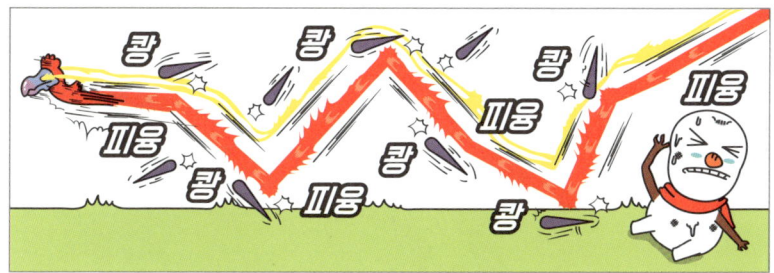

017

귀찮다

마음에 들지 아니하고 괴롭거나 성가시다는 말이에요. 게임을 시작하면 다른 일들은 다 귀찮아요.

든든하다

어떤 것에 대한 믿음으로 마음이 허전하거나 두렵지 않고 굳세다는 말이에요. 가족은 언제나 든든해요.

분하다

억울한 일을 당하여 화나고 원통하다는 말이에요. 하지도 않은 일을 내가 했다고 하니 분하기만 해요.

괜찮다

별로 나쁘지 않고 보통 이상이라는 뜻과 탈이나 문제, 걱정되거나 꺼릴 것이 없다는 뜻으로 쓰여요.

무겁다

마음이 유쾌하지 않고 우울하다는 말이에요. 친한 친구와 작게라도 다투고 나면 마음이 무거워져요.

긴박하다

매우 다급하고 절박하다는 말이에요. 쉬는 시간 1분 전 화장실에 가고 싶어 온몸이 배배 꼬이며 긴박해요.

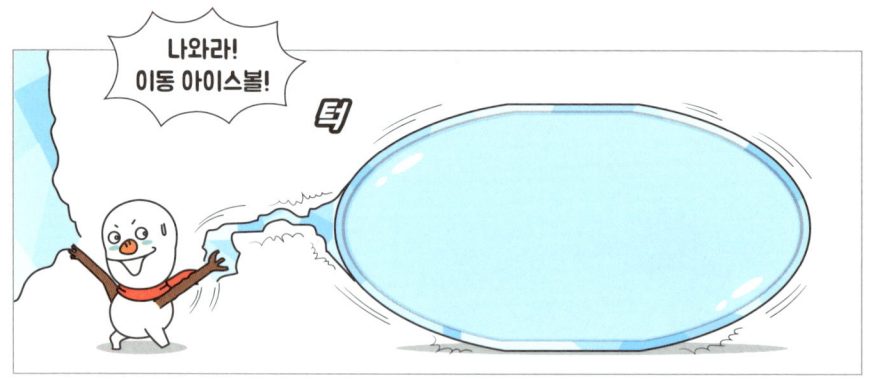

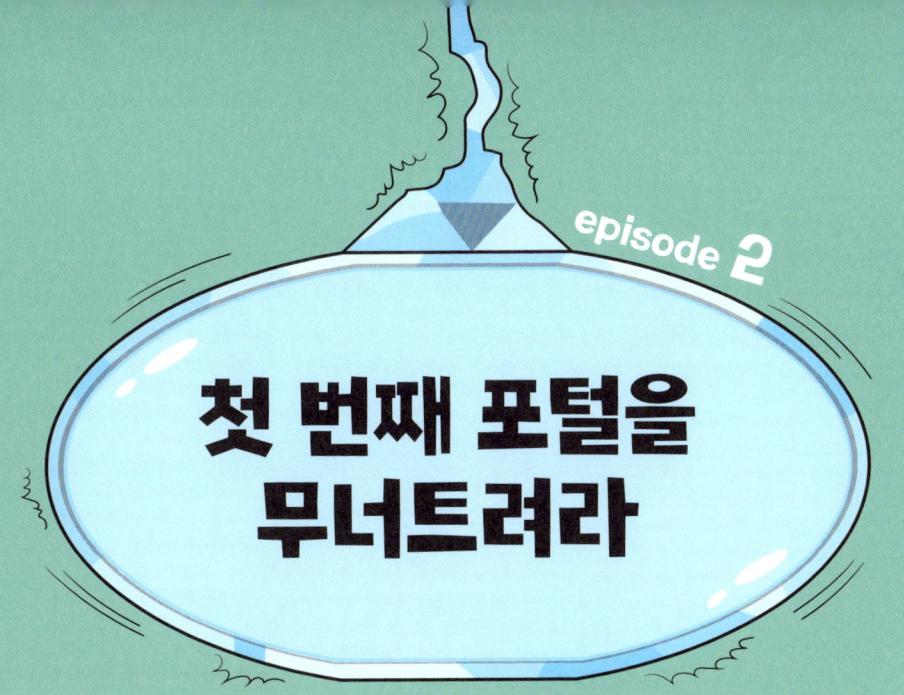

눈물겹다

눈물이 날 만큼 가엾고 애처롭다는 말이에요. 감당하기 힘든 일을 이겨내는 모습을 보며 '눈물겹다'라고 표현해요.

황당하다

말이나 행동 따위가 참되지 않고 터무니없다는 말이에요. 과장되게 이야기하다 보면 허풍을 넘어 황당해져요.

섬뜩하다

갑자기 소름이 끼치도록 무섭고 끔찍하다는 말이에요. 때때로 인상이 좋지 않은 사람과 눈이 마주칠 때 느껴져요.

거북하다

마음이 어색하고 겸연쩍어 편하지 않다는 말이에요. 사이가 좋지 않은 사람과 둘만 있을 때 느껴져요.

022

하찮다

대수롭지 아니하다는 말이에요. 물건은 하찮을 수 있지만, 사람을 하찮게 여겨서는 절대 안 돼요.

느긋하다

마음에 흡족하여 여유가 있고 넉넉하다는 말이에요. 금요일 저녁에는 다음 날 쉰다는 생각에 느긋해져요.

023

따분하다

재미가 없어 지루하고 답답하다는 말이에요. 좋아하는 과목은 흥미진진하지만, 싫어하는 과목은 따분해요.

막막하다

의지할 데 없이 외롭고 답답하다는 뜻과 꽉 막힌 듯이 답답하다는 뜻으로 쓰여요.

024

만족스럽다

매우 만족할 만한 데가 있다는 말이에요. 바뀐 새 짝꿍과는 마음도 잘 맞고 좋아하는 것도 같아 만족스러워요.

혼란스럽다

보기에 뒤죽박죽이 되어 어지럽고 복잡하다는 말이에요. 여러 가지 일이 한꺼번에 일어나면 정리가 되지 않아 혼란스러워요.

025

속상하다

화가 나거나 걱정이 되어 마음이 불편하고 우울하다는 말이에요. 친구가 나를 놀려서 속상했어요.

힘차다

힘이 있고 씩씩하다는 말이에요. 아침 일찍 일어나서 아침 운동으로 하루를 시작하니 몸도 마음도 힘차요.

어리둥절하다

무슨 영문인지 잘 몰라서 얼떨떨하다는 말이에요. 엄마가 갑자기 여행을 가자고 해서 어리둥절했어요.

시큰둥하다

달갑지 아니하거나 못마땅하여 시들하다는 말이에요. 친구에게 같이 놀자고 했는데 시큰둥해요.

027

절망하다

바라볼 것이 없게 되어 모든 희망을 끊어 버린다는 말이에요. 대회에서 우승할 줄 알았는데 떨어져서 절망했어요.

묘하다

일이나 이야기의 내용 따위가 기이하여 표현하거나 규정하기 어렵다는 말이에요. 오늘따라 하늘이 묘해요.

귀엽다

예쁘고 애교가 있어서 사랑스럽다는 말이에요. 강아지가 꼬리를 살랑살랑 흔드는 모습이 귀여워요.

미안하다

남에게 마음이 편치 못하고 부끄럽다는 말이에요. 미안한 마음은 내가 잘못한 일이 아니라도 느낄 수 있어요.

낙심하다

바라던 일이 이루어지지 않아 마음이 상한다는 말이에요. 줄넘기 급수 시험을 잘 보지 못해 낙심돼요.

설레다

마음이 가라앉지 아니하고 들떠서 두근거린다는 말이에요. 좋아하는 친구를 보면 두근두근 마음이 설레요.

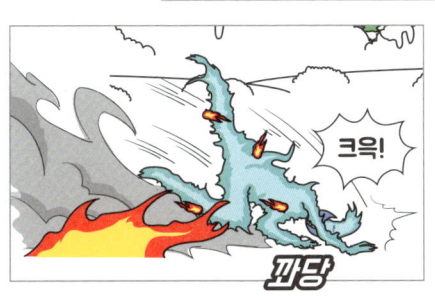

전율하다

몹시 무섭거나 두려워 몸이 벌벌 떨린다는 뜻과 감격에 겨워 몸이 떨린다는 뜻으로 크게 감동했을 때 사용해요.

열받다

몸이 달아오를 정도로 화가 나거나 흥분한다는 말이에요. 이런 마음일 때는 그 자리를 피하는 것이 좋아요.

열렬하다

어떤 것에 대한 애정이나 태도가 매우 맹렬하다는 말이에요. 좋아하는 일을 할 때 열렬한 마음이 생겨요.

기대하다

어떤 일이 원하는 대로 이루어지기를 바란다는 말이에요. 기대하던 일이 이루어지지 않더라도 다시 도전해 봐요.

032

달콤하다

편안하고 포근하다는 말이에요. 달콤한 방학, 달콤한 낮잠처럼 편안하고 즐거운 시간을 표현할 때 사용해요.

무안하다

수줍거나 창피하여 볼 낯이 없다는 말이에요. 나는 칭찬을 기대했는데 비난을 받아서 무안했어요.

033

기막히다

어떠한 일이 놀랍거나 언짢아서 어이없다는 말이에요. 좋은 감정과 나쁜 감정에 모두 사용할 수 있어요.

나쁘다

좋지 않다는 말이에요. '나쁘다' 한가지로 나쁜 감정을 표현하기보다 상황에 맞는 다양한 감정 언어를 사용해요.

034

시원하다

답답한 마음이 풀리어 흐뭇하고 가뿐하다는 말이에요. 풀리지 않던 문제가 해결되었을 때 느껴져요.

야속하다

쌀쌀맞은 행동이나 그런 행동을 한 사람이 섭섭하게 여겨진다는 말이에요. 짝꿍이 내 마음을 몰라 줘서 야속해요.

035

조급하다

늦거나 느긋하지 아니하고 매우 급하다는 말이에요. 숙제를 빨리 끝내야 한다는 생각에 마음이 조급해요.

화끈거리다

뜨거운 기운을 받아 잇따라 달아오른다는 말이에요. 창피하거나 민망할 때 얼굴이 붉으락푸르락해요.

짜릿하다

마음이 순간적으로 조금 흥분되고 떨리는 듯하다는 말이에요. 번지점프를 할 때 아래를 보면 짜릿해요.

권태롭다

어떤 일에 싫증이 나거나 심신이 나른해져서 게으른 느낌을 말해요. 매일 똑같은 일상이 권태로워요.

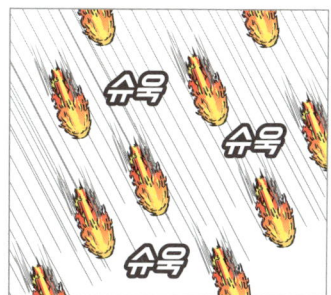

037

소름이 돋다

어떤 것에 감탄하거나 놀란다는 말이에요. 합창단의 아름다운 노랫소리에 소름이 돋아요.

화나다

몹시 못마땅하거나 언짢아서 불쾌하다는 말이에요. 친구가 약속을 지키지 않아 화가 났어요.

038

졸이다

속을 태우다시피 초조해한다는 말이에요. 시험을 앞두고 긴장되어 마음을 졸였어요.

조마조마하다

닥쳐올 일에 대하여 염려가 되어 마음이 불안하다는 말이에요. 중요한 발표를 앞두고 마음이 조마조마해요.

039

가라앉다

흥분이나 아픔, 괴로움 따위가 수그러들거나 사라진다는 말이에요. 차분한 마음으로 돌아갈 때 사용해요.

고맙다

남이 베풀어 준 호의나 도움 따위에 대하여 마음이 흐뭇하고 즐겁다는 말이에요. 고마움은 바로바로 표시해요.

040

괘씸하다

남에게 예절이나 신의에 어긋난 짓을 당하여 분하고 밉살스럽다는 말이에요. 신뢰가 깨졌을 때 사용해요.

쌩쌩하다

힘이나 기운 따위가 왕성하다는 뜻과 바로 눈앞에서 보는 것처럼 또렷하다는 뜻으로 쓰여요.

얄밉다

말이나 행동이 약빠르고 밉다는 말이에요. 자기 것만 챙기는 사람을 보면 이런 마음이 들지요.

진땀이 나다

어려운 일이나 난처한 일을 당해 몹시 긴장되고 애가 쓰인다는 말이에요. 많은 사람 앞에 설 때 드는 감정이에요.

친근하다

친하여 익숙하고 허물없다는 말이에요. 나는 처음 보는 사람에게도 친근하게 대해요.

후들거리다

팔다리나 몸이 자꾸 크게 떨린다는 말이에요. 긴장하거나 놀라면 나도 모르게 후들거리게 되지요.

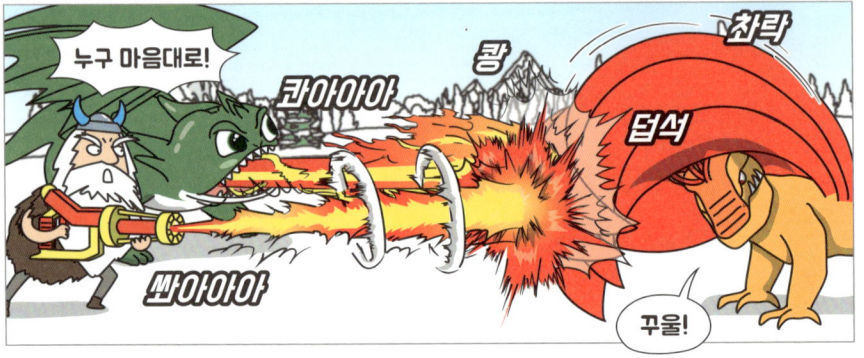

043

못마땅하다

마음에 들지 않는다는 말이에요. 행동, 사물, 습관, 실력, 외모 등에 붙여 못마땅한 마음을 표현할 수 있어요.

가볍다

마음이 홀가분하고 경쾌하다는 말이에요. 쌓여 있던 문제들이나 시험 등이 해결되었을 때 느끼는 감정이에요.

044

넌더리 나다

지긋지긋하게 몹시 싫다는 말이에요. '싫다'는 표현을 아주 강하게 표현할 때 사용해요.

흐뭇하다

마음에 흡족하여 매우 만족스럽다는 말이에요. 엄마는 요리를 맛있게 먹는 가족들을 보면 흐뭇해요.

초라하다

보잘것없고 변변하지 못하다는 말이에요. 주로 눈에 보이는 겉모습을 보고 표현하게 되지요.

풀이 죽다

활기나 기세가 꺾인다는 말이에요. 어떤 일이 마음처럼 되지 않거나 의견이 무시당했을 때 느끼는 감정이에요.

046

폭발하다

속에 쌓여 있던 감정 따위가 일시에 세찬 기세로 나온다는 말이에요. 감정은 쌓지 말고 그때그때 풀어야 해요.

충격적이다

슬픈 일이나 뜻밖의 사건 따위로 심한 자극이나 영향을 주거나 받는다는 말이에요. 나쁜 일에 주로 쓰여요.

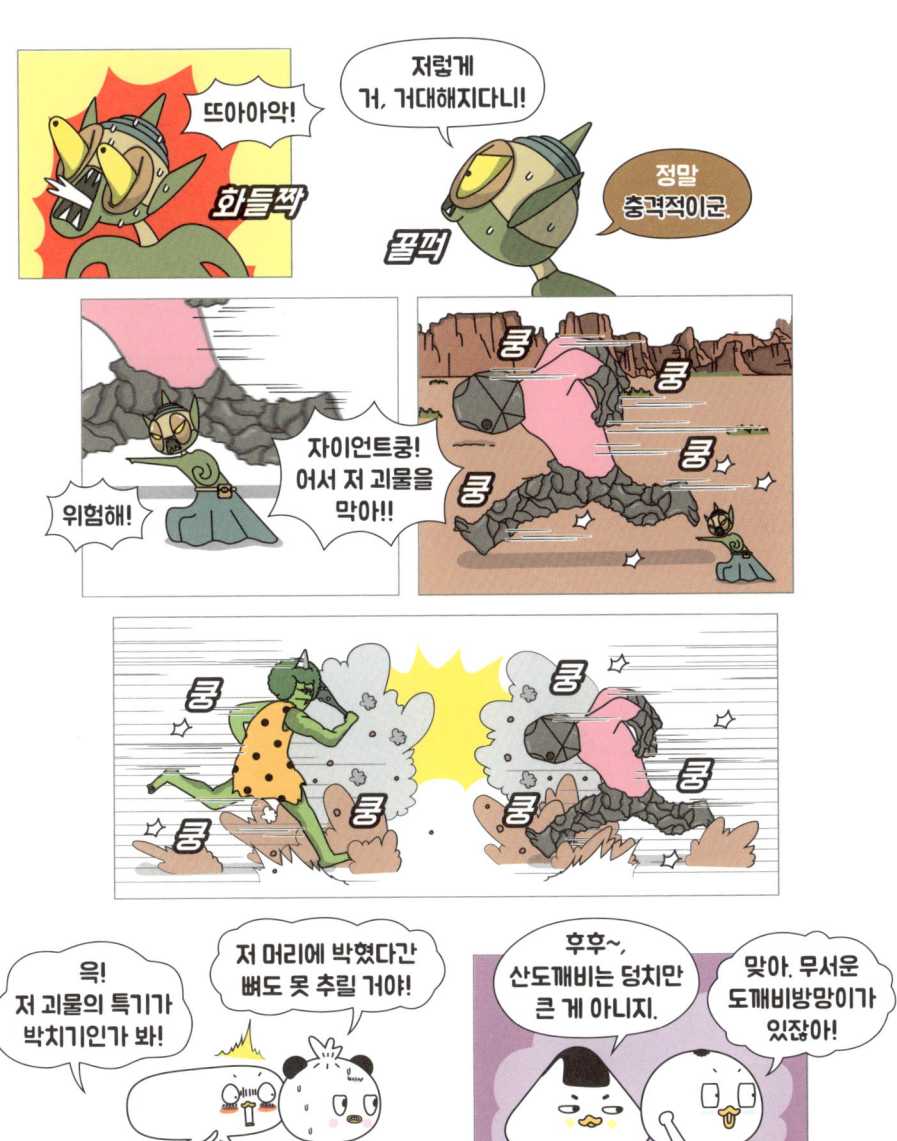

047

후련하다

답답하거나 갑갑하던 것이 풀려 마음이 시원하다는 말이에요. 고민하던 문제가 해결되니 마음이 후련해요.

자신만만하다

매우 자신이 있다는 말이에요. 이런 마음은 뛰어난 실력이나 능력을 갖춘 자신감에서 시작되지요.

두근두근하다

몹시 놀라거나 불안하여 자꾸 가슴이 뛴다는 말이에요. 이 마음은 기대일 수도 있고 걱정일 수도 있어요.

감격스럽다

마음에 깊이 느끼어 크게 감동이 된다는 말이에요. 감격은 감동보다 더 강한 감정으로 벅차오르는 감정이에요.

049

기쁘다

욕구가 충족되어 마음이 흐뭇하고 흡족하다는 말이에요. 기분 좋은 일이 있을 때 흔히 사용해요.

서늘하다

갑자기 놀라거나 무서워 찬 느낌이 있다는 말이에요. 선생님께서 화가 나시면 교실 안이 서늘해져요.

위축되다

어떤 힘에 눌려 졸아들고 기를 펴지 못하게 된다는 말이에요. 위축된 마음은 자신감을 잃게 해요.

감미롭다

달콤한 느낌이 있다는 말이에요. '달콤하다'와 비슷한 말로 마음뿐 아니라 맛을 표현할 때도 사용해요.

051

심술이 나다

억지를 쓰며 고집을 부린다는 말이에요. 괜스레 마음에 들지 않아 제 의견을 고집스럽게 내세우게 돼요.

불편하다

몸이나 마음이 편하지 아니하고 괴롭다는 말이에요. '불편하다'는 몸과 마음에서 느끼는 모든 것에 사용해요.

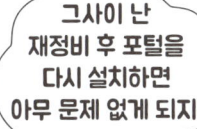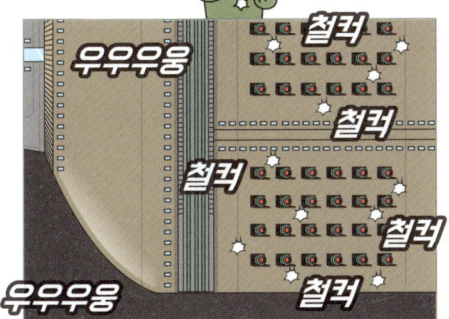

052

아니꼽다

하는 말이나 행동이 눈에 거슬려 불쾌하다는 말이에요. 상대가 내가 듣고 싶지 않은 말을 할 때 느끼게 돼요.

숨이 막히다

몹시 답답하다는 뜻과 어떤 상황이 심한 긴장감이나 압박감을 준다는 뜻으로 쓰여요.

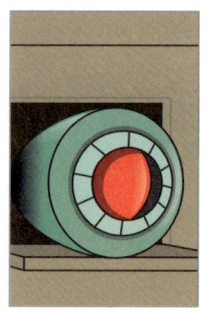

053

얼떨떨하다

뜻밖의 일로 당황하거나 여러 가지 일이 복잡하여 당황스럽다는 말이에요. 수상 소감에서 자주 사용해요.

참담하다

몹시 슬프고 괴롭다는 말이에요. 시험에서 꼴찌를 해서 너무 참담해요, 친구가 전학을 가서 너무 참담해요.

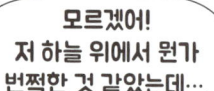

054

안쓰럽다

어리거나 약자에게 도움을 받거나 폐를 끼쳐 미안하고 딱하다는 뜻과 그들의 딱한 형편에 마음이 아프다는 뜻으로 쓰여요.

행복하다

생활에서 충분한 만족과 기쁨을 느끼어 흐뭇하다는 말이에요. 왜 행복한지 정확한 이유를 담으면 좋아요.

055

훈훈하다

마음을 부드럽게 녹여 주는 따스함이 있다는 말이에요. 잘생긴 아이돌을 보면서도 훈훈하다고 표현해요.

허전하다

무엇을 잃거나 의지할 곳이 없어진 것 같이 서운한 느낌이 있다는 말이에요. 단짝이 전학을 가서 마음이 허전해요.

056

애끓다

몹시 답답하거나 안타까워 속이 끓는 듯하다는 말이에요. '속이 타다'와 비슷한 감정이에요.

용감하다

용기가 있으며 씩씩하고 기운차다는 말이에요. 남들이 하지 못하는 정의로운 행동을 할 때 사용해요.

057

전전긍긍하다

몹시 두려워서 벌벌 떨며 조심한다는 말이에요. 이런 마음이 들 때면 앉지도 서지도 못하고 서성이게 되지요.

자포자기하다

절망에 빠져 자신을 스스로 포기하고 돌아보지 아니한다는 말이에요. 실패는 성공의 어머니란 말을 기억해요.

058

창피하다

체면이 깎이는 일이나 아니꼬운 일을 당하여 부끄럽다는 말이에요. 창피한 마음이 들면 얼굴이 붉게 변해요.

울고 싶다

슬퍼서 울고 싶은 마음이에요. 속상한 일이나 답답한 일이 있을 때 펑펑 울고 나면 마음이 조금은 편안해져요.

059

신기하다

믿을 수 없을 정도로 색다르고 놀랍다는 말이에요. 과학 실험을 하거나 마술 쇼를 보며 느끼게 되는 감정이에요.

쓰라리다

마음이 몹시 괴롭다는 말이에요. 상처가 났을 때처럼 마음도 따끔거리며 아플 때 사용해요.

떨떠름하다

마음이 내키지 않는 데가 있다는 말이에요. 비가 와서 밖에 나가지 못해 떨떠름했어요.

지겹다

몹시 싫은 생각이 들 정도로 지루하고 싫다는 말이에요. 매일 똑같은 반찬을 먹으면 지겨워져요.

061

허탈하다

몸에 기운이 빠지고 정신이 멍하다는 말이에요. 게임에서 당연히 이길 줄 알았는데 져서 허탈했어요.

의기양양하다

뜻한 바를 이루어 만족한 마음이 얼굴에 나타난 상태를 말해요. 불끈불끈 자신감이 넘치는 감정이에요.

062

속이 타다

걱정이 되어 마음이 탄다는 말이에요. 자전거를 타다가 넘어진 친구가 많이 다친 건 아닌지 걱정하는 감정이에요.

답답하다

숨이 막힐 듯이 갑갑하다는 말이에요. 고구마를 물과 같이 먹지 않으면 목이 꽉 막혀요. 마음도 이렇게 막혀요.

063

황홀하다

어떤 사물이나 분위기에 혹하여 마음이 조금 흥분된 상태를 말해요. 밤하늘에 그려진 불꽃놀이를 보며 느껴요.

기죽다

기세가 꺾여 약해진다는 말이에요. 경기에서 상대의 뛰어난 실력에 기죽어 제 실력을 발휘하지 못해요.

064

짓눌리다

심리적으로 심하게 억압당하는 감정이에요. 첫째는 잘해야 한다는 책임감에 짓눌릴 때가 종종 있어요.

약이 오르다

마음이 상하여 은근히 화가 나는 감정이에요. 친구 간 선의의 경쟁 또는 일상 속 작은 장난에서도 느껴요.

짜증스럽다

보기에 짜증이 나는 데가 있다는 말이에요. 기분이 좋지 않을 때는 그냥 지나칠 일도 짜증스러워요.

무기력하다

어떠한 일을 감당할 수 있는 기운과 힘이 없다는 말이에요. 온몸에서 기운이 쑥 빠져나간 느낌이에요.

066

벅차오르다

큰 감격이나 기쁨으로 가슴이 몹시 뿌듯하다는 말이에요. 벅차오르다는 기쁘다보다 더욱 강한 감정이에요.

억울하다

아무 잘못 없이 꾸중을 듣거나 벌을 받아 분하고 답답하다는 말이에요. 동생이 어지른 장난감 때문에 혼이 나면 억울해요.

싫다

마음에 들지 않는다는 말이에요. 생일 선물로 아무리 비싸고 좋은 것을 받아도 좋아하는 것이 아니면 싫어지지요.

밉다

모양, 생김새, 행동거지가 마음에 들지 않거나 눈에 거슬린다는 말이에요. 미울수록 더 좋게 보려고 노력해 봐요.

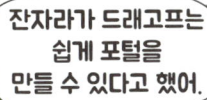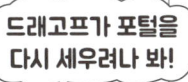

애처롭다

가엾고 불쌍하여 마음이 슬프다는 말이에요. 길 잃은 강아지가 애처롭게 울고 있어서 주인을 찾아 주었어요.

후회하다

이전의 잘못을 깨치고 뉘우친다는 말이에요. 친구와 싸우고 먼저 사과하지 않아서 후회한 적이 있어요.

069

위태위태하다

어떤 형세가 마음을 놓을 수 없을 만큼 매우 위험하다는 말이에요. 빙판길을 걷는 할머니가 위태위태해요.

안타깝다

뜻대로 되지 아니하거나 보기에 딱하여 가슴 아프고 답답하다는 말이에요. 안타까운 친구 곁에서 위로해 줘요.

드래고프는 너무 강해. 스노노와 두두새의 공격으론 위태위태해 보여.

얘들아, 한꺼번에 공격해야 해. 우리도 함께 공격하자!

땅에 떨어진 랭기지 행성의 총으로 공격하자!

으의! 귀찮게 또 방해를 하려 하다니.

후읍!

척

070

무섭다

두려움이나 놀라움을 느낄 만큼 성질이나 기세 따위가 몹시 사납다는 말이에요. 요란한 천둥소리가 무서워요.

초조하다

애가 타서 마음이 조마조마하다는 말이에요. 초조할 때는 1분이 1시간처럼 아주 천천히 흐르지요.

071

예쁘다

생긴 모양, 행동이나 동작이 보기에 사랑스럽거나 귀엽다는 말이에요. 예쁜 외모보다 예쁜 마음이 더 중요해요.

울적하다

마음이 답답하고 쓸쓸하다는 말이에요. 시험을 망치거나 친구와 싸우면 마음이 울적해져요.

072

언짢다

마음에 들지 않거나 좋지 않다는 말이에요. 상대가 누구냐에 관계없이 기분이 나쁘다는 뜻으로 쓰여요.

두렵다

어떤 대상을 무서워하여 마음이 불안하다는 뜻과 마음에 꺼리거나 염려스럽다는 뜻으로 쓰여요.

073

목이 메다

어떤 감정이 북받쳐 목소리가 잘 나지 않다는 말이에요. 눈물을 참으려 하거나 억울할 때 느낄 수 있어요.

암담하다

어두컴컴하고 쓸쓸하다는 말이에요. 앞으로 어떻게 해야 할지 막막한 마음을 표현할 때 쓰여요.

그리고 도깨비방망이도 있다고!

켕기다

마음속으로 겁이 나고 탈이 날까 불안해한다는 말이에요. 거짓말이 들통날까 봐 조마조마한 감정이에요.

침울하다

걱정이나 근심에 잠겨서 마음이 우울하다는 말이에요. 이런 마음이 들 때는 좋아하는 일로 기분을 바꿔 봐요.

075

멋지다

썩 훌륭하다는 뜻과 보기에 썩 좋다는 뜻으로 쓰여요. 멋진 가방, 멋진 생각처럼 사용할 수 있어요.

긴장하다

마음을 조이고 정신을 바짝 차린다는 말이에요. 미어캣이 두 발로 서서 주위를 경계하는 모습에서 느껴져요.

076

좋다

어떤 일이나 대상이 마음에 들 만큼 흡족하다는 말이에요. 만족스러운 마음을 표현할 때 자주 쓰여요.

원망스럽다

못마땅하게 여겨 탓하거나 불평을 품고 미워한다는 말이에요. 괜스레 잘못도 없이 혼나게 되면 드는 감정이에요.

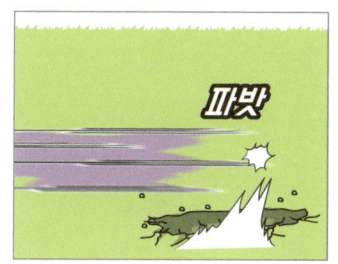

077

부끄럽다

양심에 거리끼어 볼 낯이 없거나 매우 떳떳하지 못하다는 뜻과 매우 수줍다는 뜻으로 쓰여요.

신나다

어떤 일에 흥미나 열성이 생겨 기분이 매우 좋아진다는 말이에요. 기다리던 체험학습을 떠나는 날이면 하늘을 날 듯 신나요.

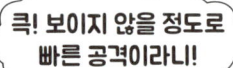

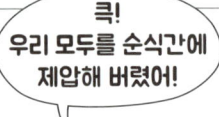

근사하다

그럴듯하게 괜찮다는 말이에요. 멋지게 꾸민 모습이 근사할 수도 있고, 연주를 잘하는 모습이 근사할 수도 있어요.

당당하다

남 앞에 내세울 만큼 모습이나 태도가 떳떳하다는 말이에요. 이런 마음은 행동에서도 드러나 나를 멋진 사람으로 만들어요.

079

가슴 시리다

매우 슬프거나 안타깝다는 말이에요. 슬프다보다 강한 감정으로 마음이 매우 아플 때 사용해요.

정겹다

정이 넘칠 정도로 매우 다정하다는 말이에요. 형제자매가 알콩달콩 이야기하는 모습이 정겨워요.

080

가혹하다

몹시 모질고 혹독하다는 말이에요. 나쁜 일이 계속 겹쳐 일어설 수 없을 만큼 힘이 들 때 가혹하다고 표현해요.

저미다

마음을 몹시 아프게 한다는 말이에요. 부모님은 자식이 조금만 아파도 마음이 저미는 것처럼 아파요.

081

서운하다

마음에 모자라 아쉽거나 섭섭한 느낌이 있다는 말이에요. 때때로 동생만 예뻐하는 것 같아 서운할 때가 있어요.

뭉클하다

슬픔이나 노여움 따위의 감정으로 가슴이 갑자기 꽉 차는 듯하다는 말이에요. 감동했다는 표현을 대신해 자주 사용해요.

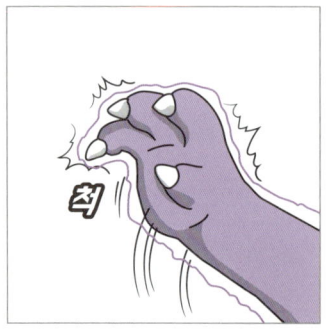

통쾌하다

아주 즐겁고 시원하여 유쾌하다는 말이에요. 지난번 달리기에서 나를 이겼던 친구를 이겨서 통쾌해요.

괴로워하다

괴로움을 느낀다는 말이에요. 단짝 친구와 싸워서 괴로워하는 친구를 위로해 주었어요.

자유롭다

구속이나 속박 따위가 없이 자기 마음대로 할 수 있다는 말이에요. 할 일을 모두 끝낸 후 느낄 수 있는 감정이에요.

섭섭하다

서운하고 아쉽다는 뜻과 없어지는 것이 애틋하고 아깝다는 뜻으로 쓰여요. 친구들이 나만 빼고 놀아서 섭섭해요.

084

불행하다

행복하지 않다는 말이에요. 행복은 가까운 곳에 있어요. 작은 일에 감사할 줄 알아야 행복을 느낄 수 있어요.

불쌍하다

처지가 안되고 애처롭다는 말이에요. 비를 맞아 떨고 있는 길고양이가 불쌍해서 그냥 지나칠 수 없어요.

085

담담하다

차분하고 평온하다는 말이에요. 긴박한 상황일수록 마음을 담담하게 가져야 차근차근 일을 처리할 수 있어요.

활기차다

힘이 넘치고 생기가 가득하다는 말이에요. 활기찬 친구와 가까이 지내다 보니 나도 활기차졌어요.

086

쓸쓸하다

외롭고 적적하다는 말이에요. 혼자 있는 친구가 쓸쓸해 보여 먼저 다가가 말을 걸었어요.

부담스럽다

어떠한 의무나 책임을 져야 할 듯한 느낌이 있다는 말이에요. 때때로 부담스러운 일은 나를 성장하게 해요.

자랑스럽다

남에게 드러내어 뽐낼 만한 데가 있다는 말이에요. 이런 마음은 잘난 척과는 다른 뿌듯한 감정이에요.

애매하다

희미하여 분명하지 아니하다는 뜻과 아무 잘못 없이 꾸중을 듣거나 벌을 받아 억울하다는 뜻으로 쓰여요.

088

힘들다

힘이 쓰이는 면이 있다는 말이에요. 힘들 때 가족과 친구는 나에게 큰 힘이 되어 줘요.

사랑하다

어떤 사람이나 존재를 몹시 아끼고 귀중히 여긴다는 말이에요. 사랑하는 마음을 자주 표현해요.

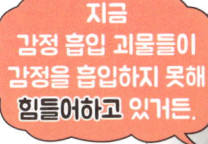

089

즐겁다

마음에 거슬림이 없이 흐뭇하고 기쁘다는 말이에요. 오랜만에 가족들이 모여 즐거운 시간을 보냈어요.

처량하다

초라하고 가엾다는 말이에요. 반장 선거에서 떨어져 괜스레 처량한 기분이 들어요. 다음에는 꼭 될 거예요.

090

애틋하다

섭섭하고 안타까워 애가 타는 듯하다는 뜻과 정답고 알뜰한 맛이 있다는 뜻으로 쓰여요.

열정적이다

어떤 일에 열렬한 애정을 가지고 열중한다는 말이에요. 월드컵 때 온 국민이 우리 축구팀을 열정적으로 응원해요.

아프다

해결하기 어려운 일이나 복잡한 문제로 괴롭다는 뜻과 마음에 슬픔이나 힘든 일이 있어 괴롭다는 뜻으로 쓰여요.

따사롭다

따뜻한 기운이 조금 있다는 말이에요. 눈을 감고 가만히 봄 햇살을 받으면 느껴지는 감정이에요.

092

온화하다

조용하고 평화롭다는 말이에요. 분위기가 따뜻하고 부드러운 느낌이 들 때 사용할 수 있어요.

평화롭다

평온하고 화목하다는 말이에요. 주말 아침이면 가족이 한자리에 모여 여유롭고 평화롭게 식사해요.

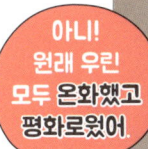

093

공허하다

아무것도 없이 텅 비었다는 말이에요. 마음에 구멍이 난 것처럼 허전한 느낌을 표현할 때 사용해요.

외롭다

홀로 되거나 의지할 곳이 없어 쓸쓸하다는 말이에요. 가족이 모두 외출하고 혼자 집에 있으려니 외로워요.

094

상쾌하다

느낌이 시원하고 산뜻하다는 말이에요. 땀을 흘리며 운동한 후 샤워를 하면 몸도 가볍고 상쾌해요.

아름답다

보이는 대상이나 목소리가 균형과 조화를 이루어 즐거움과 만족을 준다는 말이에요. 알록달록 단풍이 아름다워요.

095

홀가분하다

거추장스럽지 아니하고 가볍고 편안하다는 말이에요. 무거운 짐을 내려놓았을 때 느끼는 감정이에요.

반갑다

그리워하던 사람을 만나거나 원하는 일이 이루어져서 마음이 즐겁고 기쁘다는 말이에요.

096

유쾌하다

즐겁고 상쾌하다는 말이에요. 재미있는 이야기로 분위기를 이끌어가는 친구를 보면 유쾌하다고 해요.

찡하다

감동하여 가슴 따위가 뻐근해진다는 말이에요. 영화를 보다가 찡한 마음에 나도 모르게 눈물이 흘러요.

097

아늑하다

포근하게 감싸 안기듯 편안하고 조용하다는 말이에요. 크리스마스트리에 불이 켜지면 거실이 아늑해져요.

슬프다

분하고 억울한 일을 겪거나 불쌍한 일을 보고 마음이 아프고 괴롭다는 말이에요. 안 좋은 일에서 느껴요.

호감이 가다

좋게 여기는 마음을 가졌다는 말이에요. 새 학기가 되면 유독 호감이 가는 친구들이 몇몇 보여요.

적적하다

조용하고 쓸쓸하다는 뜻과 하는 일 없이 심심하다는 뜻으로 쓰여요. 혼자 계신 할머니가 적적하실 것 같아요.

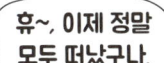

099

포근하다

감정이나 분위기 따위가 보드랍고 따뜻하여 편안한 느낌이 있다는 말이에요. 추운 겨울 이불 속에서 느껴져요.

인자하다

마음이 어질고 자애롭다는 말이에요. 친구나 동생보다는 웃어른께 자주 사용되는 좋은 감정이에요.

별나다

보통과는 다르게 특별하거나 이상하다는 말이에요. 흔히 느낄 수 없었던 새로운 것에서 느끼는 감정이에요.

상큼하다

보기에 시원스럽고 좋다는 뜻과 냄새나 맛 따위가 향기롭고 시원하다는 뜻으로 쓰여요.

에필로그

초판 11쇄 2025년 11월 10일
초판 1쇄 2024년 5월 5일

글·그림 한날

펴낸이 정태선
펴낸곳 파란정원
출판등록 제395-2010-000070호
주소 서울특별시 은평구 가좌로 175, 5층
전화 02-6925-1628 | **팩스** 02-723-1629
제조국 대한민국 | **사용연령** 8세 이상 어린이
홈페이지 www.bluegarden.kr | **전자우편** eatingbooks@naver.com
종이 다올페이퍼 | **인쇄** 조일문화인쇄사 | **제본** 경문제책사

글·그림ⓒ2024 한날
ISBN 979-11-5868-284-2 73710
*이 책에 사용된 감정 낱말의 뜻은 국립국어원 표준국어대사전을 기초로 하였습니다.

이 책은 저작권법에 따라 보호받는 저작물이므로 무단 전재와 무단 복제를 금지하며,
이 책 내용의 전부 또는 일부를 이용하려면 반드시 저작권자와 파란정원(자매사 책먹는아이·새를기다리는숲)의 동의를 얻어야 합니다.
*잘못된 책은 구입하신 서점에서 바꿔 드립니다.